KNEIPPtrend
Ernährung

PETER GRADWOHL

VOLLKORN-BACKEN

DIE BESTEN REZEPTE

kneipp verlag
WIEN

Inhalt

Vorwort 3

Tipps und Tricks fürs Backen zu Hause 4

- Was Sie über das Brotbacken wissen sollten 5
- Sauerteig selber machen 6
- Die richtige Lagerung von Brot und Gebäck 6

Nahrungsmittelunverträglichkeiten 7

Bäckerlatein 8

Rezepte 9

Rezeptregister 63

Foto: Quinoa-Weckerl (S. 58)

Liebe Leserinnen und Leser,

Brot ist nicht umsonst ein Grundnahrungsmittel. Besonders selbst hergestelltes Vollkornbrot aus qualitätsvollen Zutaten schenkt Lebenskraft und Vitalität.

Die Brotrezepte, die auch weniger geübten Hobbybäckerinnen und -bäckern gelingen, enthalten das langjährige Wissen von Biobäcker Peter Gradwohl. Eine Übersicht bei jedem Rezept weist die besondere Eignung des Rezepts für von Nahrungsmittelunverträglichkeiten und Allergien Betroffene aus.

Investieren Sie in hochwertige Zutaten in Bioqualität und nehmen Sie sich die Zeit, das Getreide selbst frisch zu mahlen. Es zahlt sich aus!

Sie müssen sich keine Gedanken über Konservierungsstoffe und andere chemische Zusätze machen – es kommt nur „Natur pur“ auf den Tisch.

Neben dem köstlichen Geschmack profitieren Sie auch noch von einer Fülle an Mineralstoffen, Enzymen und Spurenelementen, die im vollen Korn stecken.

In diesem Sinne: viel Spaß beim Nachbacken und gutes Gelingen!

Tipps und Tricks fürs Backen zu Hause

- Es ist sehr wichtig, dass beim Backen bzw. bei der Teigzubereitung alle Zutaten eine gleichmäßige Temperatur haben. Butter und Eier immer schon einige Stunden vor dem Backen aus dem Kühlschrank nehmen.

- Bei Circa-Mengenangaben von Flüssigkeiten bitte immer zurückhaltend arbeiten. Es kommt auf die Qualität des Mehls an, wie viel Flüssigkeit tatsächlich aufgenommen wird. Zugeben kann man immer noch.

- Bei Verwendung von Vollkornmehl etwas mehr Flüssigkeit zugeben, da das Mehl die Flüssigkeit besser bindet.

- Wenn eine Ruhezeit für den Teig vorgeschlagen ist, sollte diese immer eingehalten werden. Durch diese Stehzeit können sich die Aromastoffe besser entfalten.

- Hefeteig bedarf einer besonderen Phase der Ruhe, da sich die Hefezellen an den Teig anpassen und vermehren. Die Hefezellen akklimatisieren sich auf dem »Nährboden« Teig und beginnen ihre Tätigkeit, indem sie die vorhandenen Einfachzucker in Lockerungsgase umsetzen – das nennt man Triebgasbildung.

  Die Kleberbestandteile quellen nach, der Teig wird trockener und geschmeidiger – das ist die sogenannte Kleberentwicklung. Die Länge der Teigruhe ist von verschiedenen Faktoren abhängig: von der Mehlqualität, der Teigtemperatur (optimal sind 28–30 °C) und dem Knetergebnis.

  Um Kleberentwicklung und Triebgasbildung (= Teigreife) gleichermaßen zu fördern, werden auch heute noch Teige ausgestoßen. Das heißt in einfachen Worten, dass nach der ersten Ruhephase der Teig nochmals kräftig durchgeknetet wird. Der Teig quillt besser auf, die Poren vermehren sich und das Brot wird dadurch größer und schöner. Die Brotkrume (das Innere des Brotes) bildet eine geschlossene, feste Konsistenz und »krümelt« nicht beim Aufschneiden.

- Backen Sie mit Heißluft (in bewegter) oder mit Ober- und Unterhitze (in ruhiger Backatmosphäre)? Die Angaben in unseren Rezepten sind für Heißluftöfen. Sollten Sie jedoch mit einem Backofen mit Ober- und Unterhitze backen, verkürzen Sie die Backzeit etwas. Die Temperatur ist von Ofen zu Ofen unterschiedlich – genaue Richtwerte entnehmen Sie der Gebrauchsanweisung Ihres Gerätes.

- Schieben Sie die Backwaren immer in ein vorgeheiztes Rohr. Nach dem Backen Brot und Gebäck sofort vom Blech oder aus der Form nehmen. Das sogenannte »Nachbacken« sollte man besonders bei Kleingebäck vermeiden. Zum Auskühlen eignen sich am besten Kuchengitter.

- Wenn Sie beim Backen keine befetteten Formen, Bleche usw. verwenden wollen, ist beschichtetes Backpapier die optimale Alternative.

- Getreideprodukte und Getreide ziehen sehr gut Feuchtigkeit an. Am besten lagert man sie kühl, trocken und in einer gut belüfteten Vorratskammer. Anderenfalls können sie leicht »muffig« werden.

Was Sie über das Brotbacken wissen sollten

Für die Verarbeitung von Roggenmehl ist Hefe allein als Lockerungsmittel ungeeignet. Damit Roggenmehl backfähig und lockerungsfähig wird, benötigt man Säure. Die Brotkrume würde ohne Lockerungsmittel feucht, klitschig und fade schmecken. Daher verwendet man bei Roggenmehlen Natursauerteig. Dadurch verbessert man den natürlichen Wert des Mehls und die biologische Wirkung der Milchsäure- und Essigsäurebakterien.
In einem gut gereiften Sauerteig befinden sich also ca. 70 Prozent Milchsäurebakterien und ca. 30 Prozent Essigsäurebakterien sowie natürliche Hefezellen, die über die Luft und das Getreidekorn in den Sauerteig gelangen. Sauerteig ist in der Herstellung allerdings zeitaufwendiger als Hefeteig. Mit Hefe geht der Teig schneller auf, ist schneller durchgebacken.
Von der natürliche Hefe, die der Sauerteig in sich hat und die auch in großen Mengen in unserer Luft vorhanden ist, werden selbstverständlich keine allergischen Reaktionen ausgelöst. Allergische Reaktionen gibt es ausschließlich bei der industriell hergestellten Hefe.

Sauerteig selber machen

FÜR 600 G

300 g frisch vermahlenes Roggenvollkornmehl • 300 ml Wasser • Roggenvollkornmehl zum Stauben • 1 EL (15 ml) Sauermilch • Zwiebelringe

1. Tag: 100 g Roggenmehl, 100 ml Wasser und 1 EL Sauermilch in einer Plastik- oder Nirostaschüssel zu einem weichen Teig verrühren, diesen mit Mehl bestreuen und mit Zwiebelringen belegen, um jegliche Art von Fremdgärung fernzuhalten. Den Teig 24 Stunden stehen lassen. Jetzt entwickeln sich Essig- und Milchsäurebakterien.
2. Tag: Die Zwiebelringe vom Teig entfernen und abermals 100 g Roggenmehl und 100 ml Wasser dazugeben. Das Ganze verkneten und Mehl darüberstauben. 24 Stunden stehen lassen.
3. Tag: Noch einmal 100 g Roggenmehl und 100 ml Wasser dazugeben, zu einem Teig verarbeiten und stauben. 24 Stunden stehen lassen. Jetzt hat man einen reifen Sauerteig (genug Essig- und Milchsäurebakterien gezüchtet), um das Brot backfähig zu machen.
Aus diesem Sauerteigrezept erhält man mehr Sauerteig, als man bei den meisten Rezepten benötigt. Den Sauerteig, der übrig bleibt, kann man einfrieren. Ungefähr 6 Stunden vor der Verwendung aus dem Gefrierschrank geben und ihn langsam auftauen lassen. So hat man jederzeit Sauerteig im Haus.

Die Richtige Lagerung von Brot und Gebäck

Brot und Gebäck lagert man am besten in einer Brotbox aus Keramik oder Steingut. Brotboxen sollten keine großen Lüftungsschlitze haben, um unnötiges Austrocknen des Gebäcks zu verhindern.
Brot und Gebäck am besten im Papiersackerl (Papiertüte) oder mit einem Geschirrtuch umwickelt in der Brotbox lagern. Brotboxen und -töpfe müssen regelmäßig gereinigt werden, um der Schimmelbildung vorzubeugen.
Es ist nicht notwendig, Brot und Backwaren im Kühlschrank zu lagern. Manche Brotsorten werden im Kühlschrank schneller »altbacken« als bei Zimmertemperatur.
Eine längere Haltbarkeit bietet das Einfrieren. Wenn Sie Brot und Gebäck einfrieren, sparen Sie nicht an einem guten Plastikbeutel bzw. einer guten Einfrierbox.

Nahrungsmittelunverträglichkeiten

Menschen mit Nahrungsmittelunverträglichkeiten müssen auf vieles verzichten, aber nicht auf den Genuss von feinen Backwaren. Nahrungsmittelunverträglichkeiten beeinflussen in vielfältiger Weise das Leben, viele liebgewonnene Lebens-, Ess- und Einkaufsgewohnheiten müssen umgestellt werden. Das ist manchmal schwierig und bisweilen auch beängstigend.

Weizenallergie: Alternativen Dinkel, Einkorn und Emmer

Als die ersten Brote gebacken wurden, gab es drei Urgetreidesorten: Dinkel, Einkorn, Emmer. Im Laufe vieler Jahre wurden aus diesen drei Urgetreidesorten modernere Getreidesorten gezüchtet. Diese versprachen höhere Erträge und Gewinne. In den letzten 30 Jahren entwickelten sich auf diese hochgezüchteten Sorten immer mehr Allergien und Unverträglichkeiten. Immer mehr Menschen leiden an einer sogenannten Weizenallergie bzw. -unverträglichkeit. Wenn Rezepte als »weizenfrei« gekennzeichnet sind, bezieht sich das auf diese hochgezüchteten, ertragsreichen Weizensorten. Achtung: Bitte verwechseln Sie nicht »weizenfrei« mit »glutenfrei«! Selbstverständlich enthalten auch die Urgetreidesorten ihr natürliches Getreide-Eiweiß (Gluten).

Laktoseintoleranz: Alternative zu Milchprodukten im guten Fachhandel

Zu den in den letzten Jahren häufiger auftretenden Unverträglichkeiten gehört unter anderem leider auch die Laktoseintoleranz. Wie vielen bekannt ist, handelt es sich bei einer Laktoseintoleranz um eine Milchzuckerunverträglichkeit. Der gute Fachhandel bietet aber immer mehr Milchprodukte an, die laktosefrei sind!

Margarine: Alternative für Veganer

Zurzeit bekommen Sie im Lebensmittelhandel eine Fülle von Margarinesorten. Aber Vorsicht ist geboten! Nicht alle Sorten sind rein pflanzlich. In manchen Produkten können auch tierische Zusatzstoffe beinhaltet sein. Achten Sie beim Kauf von Margarine genau auf deren Inhaltsstoffe. Bio-Margarine ist somit beim Backen und Kochen eine ideale Alternative für eine vegane und bewusste Ernährung.

Bäckerlatein

Aufarbeiten	Formgeben
Ausstoßen	Breitdrücken und Zusammenschlagen des Teiges, um die im Teig befindliche Luft herauszuschlagen
Dampfl	Vorteig ausschließlich aus Wasser, Mehl und Hefe
Entspannen	kurze Teigruhe zur besseren Verarbeitung des Teiges
Gären	Lockern des Teiges durch die Hefe
Krume	Inneres des Brotes
Ruhezeit	Zeit, die der Teig benötigt, um die Teigreife zu erlangen
Rundschleifen	Teigstücke zu kleinen, runden, glatten Kugeln formen
Schluss	Teigfalte, die beim Wirken entsteht
Tourieren	Der Grundteig wird zu einem Rechteck von 1,5 cm Dicke ausgerollt. In die Mitte des Fleckes den Butterziegel legen und in Briefumschlagform die Teigenden darüberschlagen. Den Teig jetzt wieder zu einem Rechteck mit einer Dicke von 1,5 cm ausrollen und zu 3 gleichen Teilen übereinanderschlagen. Diesen Vorgang noch zweimal mit kurzen Teigruhezeiten von 10 Minuten wiederholen.
Wicklungen	Der Teig wird 4–6-mal um die eigene Achse gedreht und aufgerollt.
Wirken, rundwirken	Formen eines Teigstückes

Rezepte

Dinkelbrot

1 Wecken (zu 1,35 kg)

800 g fein gemahlenes Dinkelvollkornmehl

550 ml auf 25 °C erwärmtes Wasser

50 g Hefe

20 g Salz

30 g Butter

Backtemperatur

auf 220 °C vorheizen, nach 3 Minuten auf 175 °C reduzieren und fertig backen

Backzeit

65–70 Minuten

Tipp

Dieses Dinkelbrot eignet sich besonders gut zum Toasten und Grillen und schmeckt herrlich mit etwas Butter und Knoblauch.

Zubereitung

1. Dinkelmehl in eine Schüssel geben, in die Mitte eine Mulde drücken. Wasser hineingeben, Hefe und Salz auflösen und unter gutem Durcharbeiten zu einem Teig mischen. Die Butter soll immer erst im letzten Drittel des Mischprozesses dazugegeben werden. Arbeiten Sie mit der Küchenmaschine, so mischen Sie bei mittlerer Geschwindigkeit ca. 12 Minuten lang, mit der Hand ca. 18 Minuten. Den Teig etwa 20 Minuten ruhen lassen.
2. Nach der Ruhezeit noch einmal 5 Minuten kräftig durchkneten. Dieser wiederholte Knetvorgang hat zwei Vorteile: Restliches Wasser wird gebunden, der Teig quillt besser auf, die Poren vermehren sich, es wird dadurch größer und schöner. Außerdem bildet die Krume eine geschlossene, feste Konsistenz, das Brot krümelt beim Anschneiden nicht.
3. Nun den Teig weitere 10 Minuten ruhen lassen. Auf einem Brett aufarbeiten, zu einem Wecken formen und auf das befettete Backblech legen.
4. Nach weiteren 30 Minuten mit Wasser bestreichen, mit dem Messer die Oberfläche des Brotes schräg einschneiden, ein Gefäß mit Wasser in den Ofen stellen und backen.

Glutenfrei	Ohne Ei	Hefefrei	Milchfrei	Vegan	Weizenfrei	Zuckerfrei
	✗				✗	✗

Dinkel-Hafer-Brot

2 BROTE (zu 730 g)

40 g Hefe

20 g Salz

ca. 650 ml Wasser

350 g fein gemahlenes Dinkelvollkornmehl

350 g grob gemahlenes Hafervollkornmehl

150 g Sojaschrot

10 g gemahlener Koriander

BACKTEMPERATUR
auf 220 °C vorheizen, nach 1 Minute auf 175 °C reduzieren und fertig backen

BACKZEIT
70 Minuten

ZUBEREITUNG

1 Hefe und Salz in Wasser auflösen und mit den anderen Zutaten zu einem festen Teig verarbeiten. Den Teig 30 Minuten rasten lassen und dann noch einmal kräftig durchkneten.

2 Nach einer weiteren Teigruhe von 30 Minuten aufarbeiten.

3 Haferbrot ist eine besondere Brotsorte, daher wählt man auch eine besondere Form: Man nimmt zwei Konservendosen mit einer Höhe von je 10 Zentimetern und einem Durchmesser von 7 Zentimetern. Diese Dosen innen mit Margarine bestreichen und mit Haferflocken ausstreuen.

4 Den Teig in 2 Teile teilen, eine länglich-ovale Form wirken und in beide Dosen einfüllen. 40 Minuten gehen lassen.

5 Ein Gefäß mit Wasser in den Ofen stellen und backen.

Tipp

Dinkel und Hafer geben Kraft – durch die Zusammensetzung eignet sich dieses Brot besonders für Ausdauersportler.

Glutenfrei	Ohne Ei	Hefefrei	Milchfrei	Vegan	Weizenfrei	Zuckerfrei
	✗		✗	✗	✗	✗

Amarantbrot mit Kürbiskernen

2 BROTE (zu je 1,15 kg)

70 g Hefe

30 g Salz

ca. 750 ml Wasser

250 g Amarantmehl

250 g Roggenvollkornmehl

500 g Dinkelvollkornmehl

350 g Kürbiskerne

10 g gemischtes und gemahlenes Brotgewürz (Anis, Fenchel, Kümmel, Koriander)

100 g Sauerteig (Rezept S. 6)

BACKTEMPERATUR

auf 220 °C vorheizen, nach 1 Minute auf 175 °C reduzieren und fertig backen

BACKZEIT

55-60 Minuten

ZUBEREITUNG

1. Hefe und Salz in Wasser auflösen, mit den restlichen Zutaten zu einem eher weichen Teig verarbeiten. 30 Minuten rasten lassen, anschließend aufarbeiten.
2. Kürbiskernbrotteig auf 2 gleich große Stücke aufteilen, rundwirken. 2–3 Minuten rasten lassen.
3. Wecken formen, mit Wasser bestreichen und mit Kürbiskernen bestreuen. Auf ein befettetes Backblech geben, der Länge nach einschneiden und ca. 30 Minuten aufgehen lassen.
4. Ein Gefäß mit Wasser in den Ofen stellen und das Brot backen.

Glutenfrei	Ohne Ei	Hefefrei	Milchfrei	Vegan	Weizenfrei	Zuckerfrei
	✗		✗	✗	✗	✗

Dinkel-Grünkern-Baguette mit Oliven

2 BAGUETTES (zu je 500 g)

30 g Hefe

10 g Salz

ca. 380 ml auf 25 °C erwärmtes Wasser

75 g fein gemahlenes Grünkernvollkornmehl

500 g fein gemahlenes Dinkelvollkornmehl

25 g Olivenöl

150 g entkernte und klein gehackte Oliven

BACKTEMPERATUR

auf 220 °C vorheizen, nach 1-2 Minuten auf 180 °C reduzieren und fertig backen

BACKZEIT

30-35 Minuten

ZUBEREITUNG

1. Hefe und Salz in Wasser auflösen und mit dem Grünkern- und dem Dinkelmehl zu einem weichen Teig kneten. Jetzt erst Olivenöl und Oliven dazugeben und den Teig fertig mischen.
2. Den Teig gut zudecken, ca. 90 Minuten an einem kühlen Ort aufbewahren. Die Oberfläche soll dabei nicht austrocknen. Durch die Liegezeit bildet er ein gutes Aroma.
3. Den Teig in 2 Teile teilen, rundwirken und nochmals zehn Minuten liegen lassen, damit eine Entspannung eintritt. Nach dieser kurzen Liegezeit den Teig sorgfältig in lange, dünne Stangen aufarbeiten.
4. Die zwei Stücke mit dem Schluss nach unten auf ein befettetes Backblech setzen und ca. 40 Minuten gären lassen.
5. Mit einer flach gehaltenen Klinge schräg einschneiden. Eventuell, je nach Geschmack, mit Olivenöl bestreichen, mit Oregano bestreuen, ein Gefäß mit Wasser in den Ofen stellen und backen.

Glutenfrei	Ohne Ei	Hefefrei	Milchfrei	Vegan	Weizenfrei	Zuckerfrei
	✗		✗	✗	✗	✗

Dinkelbrot mit 9 Körnern

4 BROTE (zu je 600 g)

600 g fein gemahlenes Dinkelvollkornmehl

150 g fein gemahlenes Roggenvollkornmehl

je 100 g fein gemahlenes Hafer-, Gersten-, Mais-, Hirse- und Reisvollkornmehl

100 g fein gemahlenes Quinoa

100 g fein gemahlenes Amarant

ca. 950 ml Wasser

70 g Hefe

40 g Salz

100 g Getreidekeimöl

100 g Sauerteig (Rezept S. 6)

BACKTEMPERATUR
auf 250 °C vorheizen, nach 3 Minuten auf 180 °C reduzieren und fertig backe

BACKZEIT
ca. 75 Minuten

Glutenfrei	Ohne Ei	Hefefrei	Milchfrei	Vegan	Weizenfrei	Zuckerfrei
	✗		✗	✗	✗	✗

ZUBEREITUNG

1 Hefe, Salz und Sauerteig in Wasser auflösen und mit den restlichen Zutaten zu einem Teig verarbeiten. Den Teig so lange mischen, bis er geschmeidig ist und sich von der Schüssel löst.

2 Mit Vollkornmehl bestauben, zudecken und 1/2 Stunde an einem warmen Ort aufgehen lassen. Nach dieser Ruhezeit noch einmal kräftig durchkneten.

3 Abermals 10 Minuten liegen lassen, dann zu vier Wecken formen. Für eine schöne Form legt man den Teig in ein gestaubtes Backkörbchen. Mit einem Tuch abdecken, warmstellen und ca. 40 Minuten rasten lassen. Man kann die Teigstücke aber auch auf ein befettetes Backblech setzen. Durch den relativ hohen Anteil an Roggenmehl besteht allerdings die Gefahr, dass der Teig zu fließen beginnt und die Brote eine flache Form bekommen.

4 Anschließend die Brote in den Ofen schieben, Gefäß mit Wasser hineinstellen.

TIPP

Nach dem Ausbacken die Brote wieder mit Wasser bestreichen, damit ein schöner Glanz entsteht.

Dinkel-Walnuss-Brot

3 BROTE (zu je 700 g)

50 g Hefe

30 g Salz

100 g Sauerteig (Rezept S. 6)

650 g Dinkelvollkornmehl

300 g Roggenvollkornmehl

ca. 650 ml auf 35 °C erwärmtes Wasser

300 g Walnüsse

100 g Butter

BACKTEMPERATUR
auf 220 °C vorheizen, nach 1 Minute auf 175 °C reduzieren und fertig backen

BACKDAUER
ca. 40 Minuten

ZUBEREITUNG

1 Hefe, Salz und Sauerteig in Wasser auflösen, mit den anderen Zutaten zu einem Teig verarbeiten. Den Teig so lange mischen, bis er geschmeidig ist und sich von der Schüssel löst. Erst in diesen plastischen Teig die Nüsse rasch untermischen. 30 Minuten ruhen lassen.
2 Teig in 3 gleich große Stücke teilen und rundwirken. Nach 5 Minuten Ruhezeit die Teigstücke zu eher langen Wecken formen, auf befettete Backbleche setzen und ca. 30 Minuten gären lassen.
3 Mit einem Messer in der Längsrichtung jeweils einen 2 cm tiefen Schnitt machen und backen. Wasser braucht man nicht beigeben, das Brot soll ein sehr rustikales Aussehen erhalten.

TIPP
Durch Form und Nüsse eine Abwechslung auf jedem kalten Buffet

Glutenfrei	Ohne Ei	Hefefrei	Milchfrei	Vegan	Weizenfrei	Zuckerfrei
	✗				✗	✗

Hirsebrot

2 BROTE (zu je 650 g)

30 g Hefe

24 g Salz

30 g Sauerteig (Rezept S. 6)

ca. 300 ml Wasser

500 g Weizenvollkornmehl

100 g Roggenvollkornmehl

500 g gedämpfte Hirse (Hirse rechtzeitig dämpfen und gut auskühlen lassen)

Hirseflocken zum Bestreuen

BACKTEMPERATUR

auf 220 °C vorheizen, nach 1 Minute auf 175 °C reduzieren und fertig backen

BACKZEIT

ca. 55 Minuten

ZUBEREITUNG

1. Hefe, Salz und Sauerteig in Wasser auflösen und mit den anderen Zutaten zu einem eher festen Teig verarbeiten. Die gedämpfte Hirse bei halber Mischzeit zugeben. Den Teig zugedeckt ca. 50 Minuten rasten lassen.
2. Anschließend den Teig in 2 gleich große Stücke teilen und rundwirken. Mit Wasser bestreichen, mit Hirseflocken bestreuen und ca. 40 Minuten gären lassen.
3. Ein Gefäß mit Wasser in den Ofen stellen und das Brot backen.

Tipp

Hirse ist ein Jungbrunnen für Haare, Haut und Nägel.

Glutenfrei	Ohne Ei	Hefe-frei	Milch-frei	Vegan	Weizenfrei	Zuckerfrei
	✗		✗	✗		✗

Amarantbrot mit Dinkel und Roggen

2 BROTE (zu je 800 g)

200 g frisch gemahlenes Amarantmehl

650 g frisch gemahlenes Dinkelmehl

150 g frisch gemahlenes Roggenmehl

ca. 700 ml Wasser

20 g Salz

50 g Hefe

50 g Sauerteig (Rezept S. 6)

BACKTEMPERATUR
auf 250 °C vorheizen, nach 3 Minuten auf 190 °C reduzieren und fertig backen

BACKZEIT
ca. 50–55 Minuten

ZUBEREITUNG

1. Hefe, Salz und Sauerteig in Wasser auflösen, mit den restlichen Zutaten zu einem Teig mischen und ca. 30 Minuten rasten lassen.
2. In 2 gleich große Teile teilen, rundwirken und mit dem Schluss nach unten sofort auf ein befettetes Backblech setzen. Mit Wasser bestreichen, mit gemahlenen oder ganzen Amarantkörnern bestreuen. 35–45 Minuten rasten lassen.
3. Die Brote vor dem Backen zweimal ca. 2 cm tief einschneiden und in den Ofen legen.

Glutenfrei	Ohne Ei	Hefefrei	Milchfrei	Vegan	Weizenfrei	Zuckerfrei
	✗		✗	✗	✗	✗

Dinkel-Wachauer-Laibchen

15 Stück

850 g fein gemahlenes Dinkelvollkornmehl

150 g fein gemahlenes Roggenvollkornmehl

ca. 700 g auf 35 °C erwärmtes Wasser

30 g Butter

20 g Salz

50 g Hefe

10 g Honig

10 g Gewürzmischung

100 g Sauerteig (Rezept S. 6)

Backtemperatur

auf 200 °C vorheizen und fertig backen

Backzeit

ca. 20–25 Minuten

Zubereitung

1. Mit 300 g Dinkelvollkornmehl, 400 g Wasser, 50 g Hefe und 10 g Honig einen Vorteig („Dampfl") machen. Ca. 30 Minuten an einem warmen Ort gut zugedeckt stehen lassen, bis er sich verdoppelt hat.
2. Die restlichen Zutaten dazugeben, zu einem Teig vermischen und ca. 20 Minuten aufgehen lassen.
3. Noch einmal kräftig durchmischen, damit keine Krümel entstehen. Weitere 20 Minuten ruhen lassen, noch einmal gut ausstoßen und Teigstücke mit einem Gewicht von je 80 g abwiegen.
4. Auf der mit Roggenvollkornmehl bestaubten Arbeitsplatte die Teigstücke im Mehl rundwirken (sie werden geschliffen).
5. Die Laibchen mit dem bemehlten Schluss auf ein gefettetes Backblech setzen, ca. 40 Minuten gären lassen. Danach die Wachauer-Laibchen umdrehen und in den Ofen geben.

Tipp

In manchen Gegenden wird dieses Gebäck auch als Schusterlaibchen bezeichnet. Durch die Beigabe von Roggenmehl und Sauerteig schmecken die Laibchen sehr rustikal und bleiben länger frisch. In Berlin nennt man dieses Gebäck „Schusterjungen". Dort wird der Teig allerdings mit Bier anstelle des Wassers zubereitet und auch zu Bier serviert.

Glutenfrei	Ohne Ei	Hefefrei	Milchfrei	Vegan	Weizenfrei	Zuckerfrei
	✗		✗		✗	✗

Karotten-Nuss-Brot

3 BROTE (zu je 700 g)

50 g Hefe

30 g Salz

100 g Sauerteig (Rezept S. 6)

ca. 750 ml auf 35 °C erwärmtes Wasser

650 g fein gemahlenes Weizenvollkornmehl

300 g fein gemahlenes Roggenvollkornmehl

40 ml Olivenöl

300 g klein gehackte Walnüsse oder Haselnüsse

200 g geriebene Karotten

BACKTEMPERATUR
auf 220 °C vorheizen, sofort auf 175 °C reduzieren und fertig backen

BACKZEIT
40 Minuten

ZUBEREITUNG

1 Hefe, Salz und Sauerteig in Wasser auflösen und mit den anderen Zutaten zu einem Teig verarbeiten. Den Teig so lange mischen, bis er geschmeidig ist und sich von der Schüssel löst. Erst in diesen plastischen Teig die Nüsse und Karotten rasch untermischen. Den Teig 60 Minuten ruhen lassen.

2 Nun in 3 gleich große Stücke teilen und rundwirken.

3 Nach 5 Minuten Ruhezeit die Teigstücke zu langen Wecken formen, auf befettete Backbleche setzen und ca. 30 Minuten gären lassen.

4 Nun mit einem Messer in Längsrichtung 2 cm tief einschneiden und die Teiglinge ohne Wasser in den vorgeheizten Ofen geben, das Brot soll ein rustikales Aussehen haben.

Glutenfrei	Ohne Ei	Hefefrei	Milchfrei	Vegan	Weizenfrei	Zuckerfrei
	✗		✗	✗		✗

Spargelbrot

2 BROTE (zu je 900 g)

200 g frischer grüner Spargel

35 g Salz

30 g Hefe

175 g Sauerteig (Rezept S. 6)

ca. 700 ml Wasser

500 g fein gemahlenes Weizenvollkornmehl

500 g fein gemahlenes Roggenvollkornmehl

20 g Butter

15 g gemahlenes Brotgewürz (Anis, Fenchel, Kümmel, Koriander)

BACKTEMPERATUR

auf 220 °C vorheizen, nach 1 Minute auf 175 °C reduzieren und fertig backen

BACKZEIT

75 Minuten

ZUBEREITUNG

1. Den rohen grünen Spargel in ca. 1 cm lange Stücke schneiden und etwas salzen.
2. Hefe, Salz und Sauerteig in Wasser auflösen und mit den restlichen Zutaten zu einem mittelfesten Teig mischen. Den Teig so lange mischen, bis er geschmeidig ist und sich von der Schüssel löst.
3. Den geschnittenen Spargel in den Teig geben, kurz durchmischen, auf ein Holzbrett legen, zudecken und 60 Minuten ruhen lassen.
4. Danach den Teig in 2 gleich große Stücke teilen, aufarbeiten und in 2 Brotbackformen geben. Weitere 45 Minuten ruhen lassen.
5. Nun die Teiglinge in den vorgeheizten Backofen geben und ein Gefäß mit Wasser dazustellen.

Glutenfrei	Ohne Ei	Hefefrei	Milchfrei	Vegan	Weizenfrei	Zuckerfrei
	✗					✗

Bio-Bauernbrot

2 BROTE (zu je 800 g)

350 g Weizenvollkornmehl

400 g Roggenvollkornmehl

10 g fein vermahlenes Brotgewürz (Anis, Fenchel, Kümmel, Koriander)

25 g Hefe

ca. 650 ml Wasser

18 g Salz

200 g Sauerteig (Rezept S. 6)

BACKTEMPERATUR

auf 235 °C vorheizen, nach 3 Minuten auf 190 °C reduzieren und fertig backen

BACKZEIT

ca. 55 Minuten

ZUBEREITUNG

1 Weizenmehl mit Roggenmehl und den gemahlenen Gewürzen gut mischen. Hefe in Wasser auflösen und mit den restlichen Zutaten zu der Mehlmischung geben, zu einem Teig verkneten und ca. 1 Stunde zugedeckt gehen lassen.

2 Nochmals kräftig durchkneten. Die Masse in 2 Teile teilen und rundwirken. Die beiden Stücke mit dem Schluss nach oben (er bewirkt eine knusprige Kruste) auf ein mit Backpapier ausgelegtes Backblech setzen, noch einmal 15 Minuten gehen lassen und in den Ofen schieben.

Glutenfrei	Ohne Ei	Hefefrei	Milchfrei	Vegan	Weizenfrei	Zuckerfrei
	✗		✗	✗		✗

Gewürzter Quinoawecken mit Sauermilch

2 WECKEN (zu je 750 g)

50 g Hefe

25 g Salz

100 ml Sauermilch

ca. 600 ml Wasser

250 g Quinoavollkornmehl

600 g Dinkelvollkornmehl

150 g Roggenvollkornmehl

10 g Brotgewürz (Anis, Fenchel, Kümmel, Koriander)

ganze Gewürze (Fenchel, Anis und Koriander) zum Bestreuen

BACKTEMPERATUR

auf 220 °C vorheizen, nach 1 Minute auf 175 °C reduzieren und fertig backen

BACKZEIT

50-55 Minuten

ZUBEREITUNG

1. Hefe und Salz in Sauermilch und Wasser auflösen und mit den restlichen Zutaten zu einem mittelfesten Teig mischen.
2. Nach einer Teigruhe von 40 Minuten den Teig in 2 gleich große Stücke teilen, rundwirken und ca. 3-5 Minuten rasten lassen
3. Nun die Teiglinge zu Wecken formen, mit dem Schluss nach unten auf ein befettetes Backblech setzen und ca. 30-35 Minuten ruhen lassen.
4. Nun mit Wasser bestreichen, mit Gewürzen bestreuen und vor dem Backen dreimal quer einschneiden.

Glutenfrei	Ohne Ei	Hefefrei	Milchfrei	Vegan	Weizenfrei	Zuckerfrei
	✗				✗	✗

Einkorn-Joghurt-Brot

2 LAIBE (zu je 700 g)

750 g Einkornvollkornmehl

10 g Anis

60 g Hefe

ca. 150–250 ml Wasser

15 g Salz

30 g Butter

3 Becher (ca. 550 ml) Joghurt

BACKTEMPERATUR
auf 230 °C vorheizen, nach 3 Minuten auf 180 °C reduzieren und fertig backen

BACKZEIT
ca. 50 Minuten

ZUBEREITUNG

1. Einkornmehl mit Anis mischen und fein mahlen.
2. Hefe in Wasser auflösen und mit allen Zutaten zu einem Teig mischen. Den Teig 40 Minuten ruhen lassen und dann kräftig ausstoßen. Nochmals 15 Minuten ruhen lassen.
3. Danach den Teig aufarbeiten, in 2 Teile teilen, rundwirken und weitere 10 Minuten ruhen lassen.
4. Nun noch einmal rundwirken, die 2 Laibe auf ein befettetes Backblech legen und ca. 40 Minuten gären lassen.
5. Nun die Laibe mit einem Messer in der Mitte einmal kräftig einschneiden. In den Schnitt etwas Anis streuen. Das Aroma des Gewürzes zieht sich in das Innere des Joghurtbrotes. Ein Gefäß mit Wasser in den Ofen stellen und fertig backen.

Tipp
Das Brot hat den typischen Joghurtgeschmack. Durch die Milchsäure werden die Backeigenschaften des Vollkornteiges und die Abwehrkraft gegen Schimmel verbessert.

Glutenfrei	Ohne Ei	Hefefrei	Milchfrei	Vegan	Weizenfrei	Zuckerfrei
	✗				✗	✗

Dinkelbaguette

2 BROTE (zu je 400 g)

30 g Hefe

ca. 350 ml auf 25 °C erwärmtes Wasser

500 g fein gemahlenes Dinkelvollkornmehl

10 g Salz

25 g Butter

BACKTEMPERATUR
auf 220 °C vorheizen, nach 3 Minuten auf 180 °C reduzieren und fertig backen.

BACKZEIT
ca. 30–35 Minuten

Tipp
Vor allem wegen seines Aromas ist ofenfrisches Dinkelbaguette ein besonderer Leckerbissen.

ZUBEREITUNG

1. Hefe in Wasser auflösen und mit dem Dinkelmehl zu einem Teig kneten. Gegen Schluss Salz und Butter dazugeben, den Teig fertig kneten. Salz sollte man bei diesem Spezialbrot erst zum Schluss zugeben, damit die Gärung nicht zu stark beeinträchtigt wird. Außerdem entstehen dadurch ungleiche Poren und kleine Hohlräume, die für dieses Brot charakteristisch sind. Gut zugedeckt ca. 90 Minuten an einem kühlen Ort ruhen lassen. Die Oberfläche soll dabei nicht austrocknen. Durch die Ruhezeit bildet sich ein gutes Aroma.
2. Nun den Teig in 2 Teile teilen, rundwirken, nochmals 10 Minuten ruhen lassen.
3. Danach den Teig sorgfältig in lange, dünne Stangen aufarbeiten. Die 2 Stücke mit dem Schluss nach unten auf ein befettetes Backblech setzen und ca. 40 Minuten gären lassen.
4. Nun mit einer flach gehaltenen Klinge schräg einschneiden, ein Gefäß mit Wasser in den Ofen stellen und die Teiglinge fertig backen.

Glutenfrei	Ohne Ei	Hefefrei	Milchfrei	Vegan	Weizenfrei	Zuckerfrei
	✗				✗	✗

Kamut-Sesam-Brot

1 WECKEN (zu 1,5 kg)

180 g ungeschälter Sesam

40 g Hefe

800 g fein gemahlenes Kamutvollkornmehl

ca. 600 ml auf 25 °C erwärmtes Wasser

20 g Salz

BACKTEMPERATUR

auf 230 °C vorheizen, nach 3 Minuten auf 170 °C reduzieren und fertig backen

BACKZEIT

ca. 60–70 Minuten

ZUBEREITUNG

1. Den Sesam im Backofen bei einer Temperatur von 170 °C leicht rösten. Dadurch entsteht der nussige Geschmack.
2. Die Hefe im Wasser auflösen, mit den anderen Zutaten, einschließlich Sesam, zu einem Teig vermischen und 20 Minuten ruhen lassen.
3. Danach noch einmal kräftig durchmischen. und weitere 15 Minuten ruhen lassen, damit sich das Teigstück entspannt und leichter zu einer Weckenform ausgedehnt werden kann.
4. Nun auf ein befettetes Backblech setzen, ca. 30 Minuten gären lassen.
5. Den Teigling gut mit Wasser bestreichen, mit Sesam bestreuen, ein Gefäß mit Wasser in den Ofen stellen und fertig backen.

Tipp

Der fein nussige Geschmack wird beim Toasten besonders deutlich.

Glutenfrei	Ohne Ei	Hefefrei	Milchfrei	Vegan	Weizenfrei	Zuckerfrei
	✗		✗	✗	✗	✗

Dinkel-Soja-Brot

3 BROTE (zu je 500 g)

350 g grob gemahlener Sojaschrot

ca. 700 ml auf 25 °C erwärmtes Wasser

20 g Salz

30 g Hefe

500 g fein gemahlenes Dinkelvollkornmehl

150 g Sauerteig (Rezept S. 6)

BACKTEMPERATUR

auf 230 °C vorheizen, nach 3–4 Minuten auf 180 °C reduzieren und fertig backen

BACKZEIT

ca. 45 Minuten

ZUBEREITUNG

1. Sojaschrot in 500 ml Wasser 2 Stunden vor dem Teigmischen einweichen.
2. Salz und Hefe in 200 ml Wasser auflösen, mit Dinkelmehl, eingeweichtem Sojaschrot und Sauerteig zu einem Teig mischen. 20 Minuten ruhen lassen, noch einmal kräftig durchmischen und weitere 20 Minuten ruhen lassen .
3. Danach aufarbeiten und den Teig in 3 gleich große Teile teilen. Rundwirken, mit dem Schluss nach unten auf ein befettetes Backblech setzen. Man kann die 3 rundgewirkten Teile vor dem Backen mit Wasser bestreichen und in Vollkornmehl wälzen, dadurch erhält das Brot ein schöneres Aussehen. Auf dem Backblech 40 Minuten gehen lassen.
4. Vor dem Backen mit einem scharfen Messer 1 cm tiefe Längs- und Querschnitte einschneiden und in den Ofen geben.

Tipp

Dinkel-Soja-Brot ist kalorienärmer und enthält weniger Kohlenhydrate als andere Brotsorten, daher ist es besonders für Diabetiker geeignet.

Glutenfrei	Ohne Ei	Hefefrei	Milchfrei	Vegan	Weizenfrei	Zuckerfrei
	✗		✗	✗	✗	✗

Dinkelbrezel

45 Stück

1 kg fein gemahlenes Dinkelvollkornmehl

ca. 350 ml auf ca. 30 °C erwärmte Milch

80 g Hefe

450 g Butter

20 g Salz

1 Ei

50 g Walnüsse

250 g Honig

grobes Salz zum Bestreuen

etwas Wasser

Backtemperatur
190 °C

Backzeit
ca. 15 Minuten

Zubereitung

1 Dinkelvollkornmehl in eine Schüssel geben und in die Mitte eine Vertiefung drücken. Hefe in etwas Milch auflösen und hineingeben. Salz, Honig, Ei und Walnüsse hinzufügen und von der Mitte aus mit dem Mehl langsam vermengen. Nach und nach Wasser beigeben. Den Teig kräftig durchkneten. Zum Schluss die Butter einarbeiten und ca. 45 Minuten gut zugedeckt an einem kühlen Ort oder im Kühlschrank ruhen lassen.

2 Gut ausstoßen, Teigstücke zu je 50 g abwiegen und rundformen. Auf 30 cm ausrollen und Brezeln formen. Der Teigstrang soll in der Mitte dick bleiben und nach beiden Seiten hin dünner werden.

3 Die Brezeln mit Wasser bestreichen, in grobes Salz tauchen und nach einer Gärzeit von 30 Minuten backen.

Tipp zum Formen

- Den Teigstrang hufeisenförmig legen, die Teigenden übereinander legen.
- Die Teigenden ineinander verschlingen.
- Die Teigenden am oberen Brezelbogen festdrücken.

Glutenfrei	Ohne Ei	Hefefrei	Milchfrei	Vegan	Weizenfrei	Zuckerfrei
	✗				✗	✗

DINKELBROT MIT SONNENBLUMENKERNEN

3 BROTE (zu je 700 g)

250 g Sonnenblumenkerne

ca. 800 ml auf 25 °C erwärmtes Wasser

30 g Hefe

30 g Salz

120 g Sauerteig (Rezept S. 6)

650 g fein gemahlenes Dinkelvollkornmehl

350 g fein gemahlenes Roggenvollkornmehl

BACKTEMPERATUR
auf 230 °C vorheizen, nach 3 Minuten auf 180 °C reduzieren und fertig backen

BACKZEIT
ca. 55 Minuten

TIPP
Die eingeweichten Sonnenblumenkerne geben dem Brot einen sehr guten Geschmack.

ZUBEREITUNG

1 Sonnenblumenkerne in 300 ml Wasser ca. 2 Stunden einweichen.

2 Hefe, Salz und Sauerteig in Wasser auflösen, mit allen Zutaten zu einem mittelfesten Teig verarbeiten. Den Teig so lange mischen, bis er geschmeidig ist und sich von der Schüssel löst. 20 Minuten ruhen lassen.

3 Noch einmal mit Vorsicht durchkneten, um die Sonnenblumenkerne nicht zu zerquetschen. Weitere 20 Minuten ruhen lassen.

4 Nun den Teig in 3 gleiche Teile teilen und rundwirken, auf befettete Backbleche setzen, mit Vollkornmehl bestauben und die Form einer Sonne eingravieren. Die Oberfläche mit Wasser bestreichen und mit Sonnenblumenkernen bestreuen. In den vorgeheizten Ofen geben, ein Gefäß mit Wasser dazustellen und fertig backen.

Glutenfrei	Ohne Ei	Hefefrei	Milchfrei	Vegan	Weizenfrei	Zuckerfrei
	✗		✗	✗	✗	✗

Dinkel-Roggen-Mischbrot

4 BROTE (zu je 400 g)

15 g Hefe

15 g Salz

150 g Sauerteig (Rezept S. 6)

ca. 600 ml Wasser

450 g fein gemahlenes Dinkelvollkornmehl

300 g grob gemahlenes Roggenvollkornmehl

BACKTEMPERATUR

auf 230 °C vorheizen, nach 3 Minuten auf 180 °C reduzieren und fertig backen

BACKZEIT

ca. 45 Minuten

ZUBEREITUNG

1 Hefe, Salz und Sauerteig in Wasser auflösen, mit den anderen Zutaten zu einem weichen Teig mischen und ca. 40 Minuten ruhen lassen.

2 Den Teig in 4 gleich große Teile teilen, rundwirken und kurze Wecken formen. Die Oberfläche in Vollkornmehl wälzen, in eine Brotbackform legen und nochmals 40 Minuten gehen lassen.

3 Im vorgeheizten Ofen backen. Man braucht kein Wassergefäß dazustellen.

Glutenfrei	Ohne Ei	Hefefrei	Milchfrei	Vegan	Weizenfrei	Zuckerfrei
	✗		✗	✗	✗	✗

Kamutbrot mit Hafer und Hirse

2 BROTE (zu je 800 g)

30 g Salz

40 g Hefe

ca. 600 ml Wasser

50 g Sauerteig (Rezept S. 6)

850 g fein gemahlenes Kamutvollkornmehl

150 g mittelgrob gemahlenes Hafervollkornmehl

100 g frisch gemahlene Hirse

Brotgewürz (Anis, Fenchel, Kümmel, Koriander) nach Geschmack

BACKTEMPERATUR

auf 250 °C vorheizen, nach 3 Minuten auf 180 °C reduzieren und fertig backen

BACKZEIT

ca. 60–65 Minuten

Tipp

Kamutbrot mit Hafer und Hirse zeichnet sich besonders durch gute Haltbarkeit aus.

ZUBEREITUNG

1. Salz und Hefe in Wasser auflösen, mit den restlichen Zutaten zu einem eher weichen Teig verarbeiten. 45 Minuten ruhen lassen.
2. In 2 gleich große Stücke teilen, rundwirken und dann zu Wecken formen. In Hafermehl oder Haferkleie wälzen, in Brotbackformen geben und abermals 45 Minuten ruhen lassen.
3. Ein Gefäß mit Wasser in den Ofen stellen und die Brote fertig backen. Vor dem Anschneiden gut auskühlen lassen.

Glutenfrei	Ohne Ei	Hefefrei	Milchfrei	Vegan	Weizenfrei	Zuckerfrei
	✗		✗	✗	✗	✗

Bio-Brot ohne Hefe

2 BROTE (zu je 600 g)

350 g Weizenvollkornmehl

200 g Roggenvollkornmehl

2 g (kleine Prise) fein vermahlenes Brotgewürz (Anis, Fenchel, Kümmel, Koriander)

250 g Sauerteig (Rezept S. 6)

15 g Salz

375 ml Wasser

Weizenkleie zum Wälzen

BACKTEMPERATUR
auf 230 °C vorheizen, nach 3 Minuten auf 180 °C reduzieren und fertig backen

BACKZEIT
ca. 50 Minuten

ZUBEREITUNG

1 Weizenmehl, Roggenmehl und die Brotgewürze gut mischen. Mit dem Sauerteig, Salz und Wasser zu einem geschmeidigen Teig verarbeiten. In einer Schüssel zugedeckt ca. 30 Minuten gären lassen.
2 Teig in 2 Teile teilen, rundwirken und zu Wecken formen, mit Wasser bestreichen und in Weizenkleie wälzen. In 2 befettete Kastenformen legen und nochmals 40 Minuten gären lassen.
3 Nun die Oberfläche mit einem scharfen Messer der Länge nach einschneiden und mit Wasser bestreichen. Dadurch entsteht eine knusprige Kruste.
4 Ein Gefäß mit Wasser in den Ofen stellen und die Brote fertig backen.

Glutenfrei	Ohne Ei	Hefefrei	Milchfrei	Vegan	Weizenfrei	Zuckerfrei
	✗		✗	✗		✗

Bio-Kamutbrot ohne Hefe

2 BROTE (zu je 550 g)

500 g Kamutvollkornmehl

ca. 350 ml Wasser

15 g Salz

250 g Sauerteig (Rezept S. 6)

BACKTEMPERATUR

auf 230 °C vorheizen, nach 3 Minuten auf 180 °C reduzieren und fertig backen

BACKZEIT

ca. 45 Minuten

ZUBEREITUNG

1 Das Kamutmehl in eine Schüssel geben und mit Wasser, Salz und Sauerteig zu einem Teig kneten. Arbeiten Sie mit einer Küchenmaschine, so mischen Sie bei mittlerer Geschwindigkeit ca. 8 Minuten, mit der Hand ca. 12 Minuten. Danach den Teig ca. 45 Minuten zugedeckt gehen lassen und nochmals kräftig durchkneten.

2 Nun den Teig in 2 Teile teilen und rundwirken. Die beiden Stücke mit dem Schluss nach unten auf ein befettetes Backblech legen und nochmals ca. 30 Minuten gehen lassen.

3 Im vorgeheizten Ofen backen. Nach 3 Minuten ein Gefäß mit Wasser dazustellen und fertig backen.

Glutenfrei	Ohne Ei	Hefefrei	Milchfrei	Vegan	Weizenfrei	Zuckerfrei
	✗	✗	✗	✗	✗	✗

Grünkern-Sauerkraut-Brot

2 BROTE (zu je 750 g)

30 g Hefe

20 g Salz

ca. 450 ml Wasser

100 g Sauerteig (Rezept S. 6)

1/2 TL fein gemahlenes Brotgewürz (Anis, Fenchel, Kümmel, Koriander)

200 g Sauerkraut

550 g Dinkelvollkornmehl

200 g Grünkernvollkornmehl

Sesam und Leinsamen zum Verzieren

BACKTEMPERATUR

auf 220 °C vorheizen, nach 1 Minute auf 175 °C reduzieren und fertig backen

BACKZEIT

50-55 Minuten

ZUBEREITUNG

1. Hefe und Salz in Wasser auflösen, Sauerteig, Brotgewürz, Dinkelmehl und Grünkernmehl dazugeben und zu einem glatten, mittelfesten Teig verarbeiten. Sauerkraut erst zum Schluss dazugeben. 45 Minuten ruhen lassen.
2. Den Teig in 2 gleich große Stücke teilen, rundwirken und auf ein Blech setzen. Mit Wasser bestreichen und mit Sesam und Leinsamen bestreuen. Noch einmal ca. 20–25 Minuten ruhen lassen.
3. Ein Gefäß mit Wasser in den Ofen stellen und das Brot fertig backen.

Glutenfrei	Ohne Ei	Hefefrei	Milchfrei	Vegan	Weizenfrei	Zuckerfrei
	✗		✗	✗	✗	✗

Bio-Roggenbrot mit Backferment

1 BROT (750 g)

FÜR DEN 1. BACKFERMENTANSATZ (130 g)

40 g Roggenvollkornmehl

25 g Backferment

65 ml Wasser

FÜR DEN 2. BACKFERMENTANSATZ (330 g)

1. Backfermentansatz

100 g Roggenvollkornmehl

100 ml Wasser

FÜR DEN TEIG

2. Backfermentansatz

250 g Roggenvollkornmehl

160 ml Wasser

8 g Salz

Brotgewürz (Anis, Fenchel, Kümmel, Koriander) nach Geschmack

BACKTEMPERATUR

auf 230 °C vorheizen, nach 3 Minuten auf 180 °C reduzieren und fertig backen

BACKZEIT

ca. 60 Minuten

ZUBEREITUNG

1 Für den 1. Backfermentansatz alle Zutaten kurz vermischen und gut zugedeckt an einem kühlen Ort 10 Stunden ruhen lassen. Die Oberfläche soll dabei nicht austrocknen.

2 Nach der 1. Ruhephase kommen zum 1. Backfermentansatz Roggenmehl und Wasser und werden zu einem Teig verknetet. Dieser 2. Teigansatz bedarf wieder einer Stehzeit von 10 Stunden (wie oben).

3 Nun alle Zutaten der Reihe nach gut verkneten. Den Teig nochmals ca. 30 Minuten bei Zimmertemperatur zugedeckt ruhen lassen.

4 Den Teig rundwirken und nochmals 10 Minuten ruhen lassen.

5 Die Teigkugel zu einem Wecken formen und in eine befettete Brotbackform (Kastenform) legen. Nochmals 1 Stunde gehen lassen.

6 Im vorgeheizten Ofen ein Gefäß mit Wasser dazustellen und fertig backen.

Glutenfrei	Ohne Ei	Hefefrei	Milchfrei	Vegan	Weizenfrei	Zuckerfrei
	✗	✗	✗	✗	✗	✗

Dinkelkipferln mit Kürbiskernen

30 Kipferln

1 kg fein gemahlenes Dinkelvollkornmehl

70 g Hefe

ca. 600 ml auf 30 °C erwärmtes Wasser

15 g Salz

120 g Honig

120 g Butter

ca. 200 g gehackte Kürbiskerne zum Wälzen

Backtemperatur

190 °C

Backzeit

15-18 Minuten

Zubereitung

1. Das Dinkelmehl in eine Schüssel geben und in die Mitte eine Mulde drücken. Hefe in etwas Wasser auflösen und einrühren. Salz und Honig zufügen und von der Mitte aus mit dem Mehl vermengen. Wasser nach und nach beigeben. Den Teig sehr kräftig durchkneten. Zum Schluss wird die Butter eingearbeitet. Den Teig 20 Minuten gut zugedeckt an einem warmen Ort ruhen lassen.
2. Danach kräftig durchmischen und weitere 15 Minuten ruhen lassen.
3. Danach den Teig ausstoßen, anschließend die Teigstücke zu je 60 g abwiegen und 5 Minuten aufgehen lassen
4. Mit einem Rollholz oval ausrollen (ca. 25 cm) und unter gleichzeitigem leichtem Druck mit der Hand aufrollen, sodass ein Teigstrang von ca. 20 cm und 4-6 Wicklungen entsteht. Den gewickelten Teigstrang mit Wasser bestreichen und in den gehackten Kürbiskernen wälzen. In Hufeisenform auf ein befettetes Backblech setzen und ca. 40 Minuten gären lassen. Danach fertig backen. Beim Backen werden die gehackten Kürbiskerne geröstet. Sie entwickeln dadurch einen besonderen Geschmack.

Glutenfrei	Ohne Ei	Hefefrei	Milchfrei	Vegan	Weizenfrei	Zuckerfrei
	✗				✗	✗

Dinkel-Kleingebäck

30 STÜCK (zu je 60 g)

1 kg fein gemahlenes Dinkelvollkornmehl

40 g Hefe

ca. 700 ml auf 20 °C erwärmtes Wasser

25 g Salz

20 g Honig

20 g Butter

BACKTEMPERATUR

auf 210 °C vorheizen, nach 1 Minute auf 180 °C reduzieren und fertig backen

BACKZEIT

15–20 Minuten

ZUBEREITUNG

1. Das Dinkelmehl in eine Schüssel geben und in die Mitte eine Mulde drücken. Hefe in etwas Wasser auflösen und hineingeben. Salz und Honig dazugeben und von der Mitte aus mit der Butter langsam vermengen. Nach und nach Wasser beigeben. Den Teig sehr kräftig durchkneten, bis er geschmeidig ist und Blasen wirft. Der Teig soll eine eher weiche Konsistenz aufweisen, weil die im Vollmehl enthaltenen Kleieteilchen nur langsam Wasser aufnehmen. Den Teig zudecken und an einem warmen Ort 25 Minuten aufgehen lassen.
2. Danach den Teig ausstoßen. Zu diesem Zweck Teig auf eine bemehlte Arbeitsplatte legen und mit beiden Händen flach drücken. Dadurch werden die verbrauchten Gärgase herausgedrückt, es kommt Luft in den Teig, die Hefezellen können sich leichter vermehren und der Teig gärt schneller. Noch einmal rundwirken und kleine Teigstücke zu je 60 g abwiegen. Die Teigstücke rundwirken und zu den einzelnen Dinkel-Kleingebäcksorten formen. Bei Kipferln soll das Teigstück länger sein.
3. Das Kleingebäck in den Ofen geben und ein Gefäß mit Wasser dazustellen.

Glutenfrei	Ohne Ei	Hefefrei	Milchfrei	Vegan	Weizenfrei	Zuckerfrei
	✗				✗	✗

Dinkel-Sesam-Laibchen

30 LAIBCHEN (zu je 60 g)

1 kg fein gemahlenes Dinkelvollkornmehl

40 g Hefe

ca. 700 ml auf 20 °C erwärmtes Wasser

25 g Salz

20 g Honig

20 g Butter

100 g Sesam

BACKTEMPERATUR

auf 210 °C vorheizen, nach 1 Minute auf 180 °C reduzieren und fertig backen

BACKZEIT

15–20 Minuten

ZUBEREITUNG

1. Das Dinkelmehl in eine Schüssel geben und in die Mitte eine Mulde drücken. Hefe in etwas Wasser auflösen und hineingeben. Salz und Honig dazugeben und von der Mitte aus mit der Butter langsam vermengen. Nach und nach Wasser beigeben. Den Teig sehr kräftig durchkneten, bis er geschmeidig ist und Blasen wirft. Der Teig soll eine eher weiche Konsistenz aufweisen, weil die im Vollmehl enthaltenen Kleieteilchen nur langsam Wasser aufnehmen. Den Teig zudecken und an einem warmen Ort 25 Minuten aufgehen lassen.
2. Danach den Teig ausstoßen. Zu diesem Zweck Teig auf eine bemehlte Arbeitsplatte legen und mit beiden Händen flach drücken. Dadurch werden die verbrauchten Gärgase herausgedrückt, es kommt Luft in den Teig, die Hefezellen können sich leichter vermehren und der Teig gärt schneller. Noch einmal rundwirken und kleine Teigstücke zu je 60 g abwiegen. Mit einem Messer an der Oberfläche einschneiden, mit Wasser bestreichen und in Sesam wälzen. Mit dem Schluss nach unten auf ein befettetes Backblech setzen und ca. 30 Minuten gären lassen.
3. Die Laibchen in den Ofen geben und ein Gefäß mit Wasser dazustellen.

Glutenfrei	Ohne Ei	Hefefrei	Milchfrei	Vegan	Weizenfrei	Zuckerfrei
	✗				✗	✗

Dinkel-Kümmel-Laibchen

30 LAIBCHEN (zu je 60 g)

1 kg fein gemahlenes Dinkelvollkornmehl

40 g Hefe

ca. 700 ml auf 20 °C erwärmtes Wasser

25 g Salz

20 g Honig

20 g Butter

100 g Kümmel

BACKTEMPERATUR
auf 210 °C vorheizen, nach 1 Minute auf 180 °C reduzieren und fertig backen

BACKZEIT
15-20 Minuten

ZUBEREITUNG

1 Dinkelmehl in eine Schüssel geben und in die Mitte eine Mulde drücken. Hefe in etwas Wasser auflösen und hineingeben. Salz und Honig dazugeben und von der Mitte aus mit der Butter langsam vermengen. Nach und nach Wasser beigeben. In 500 g Teig ca. 15 g Kümmel gut einarbeiten. Den Teig sehr kräftig durchkneten, bis er geschmeidig ist und Blasen wirft. Der Teig soll eine eher weiche Konsistenz aufweisen, weil die im Vollmehl enthaltenen Kleieteilchen nur langsam Wasser aufnehmen. Den Teig zudecken und an einem warmen Ort 20 Minuten aufgehen lassen. Durch die relativ kurze Gärzeit »reißt« der Schluss besser auf.

2 Danach den Teig ausstoßen. Dazu den Teig auf eine bemehlte Arbeitsplatte legen und mit beiden Händen flach drücken. Dadurch kommt Luft in den Teig, die Hefezellen können sich leichter vermehren und der Teig gärt schneller.

3 Nun noch einmal rundwirken und kleine Teigstücke von 60 g abwiegen, länglich formen und mit dem Schluss nach oben auf ein befettetes Backblech setzen. Mit Wasser bestreichen und mit Kümmel bestreuen.

4 Die Laibchen in den Ofen geben und ein Gefäß mit Wasser dazustellen.

Glutenfrei	Ohne Ei	Hefefrei	Milchfrei	Vegan	Weizenfrei	Zuckerfrei
	✗				✗	✗

Dinkel-Mohn-Laibchen

30 LAIBCHEN (zu je 60 g)

1 kg fein gemahlenes Dinkelvollkornmehl

40 g Hefe

ca. 700 ml auf 20 °C erwärmtes Wasser

25 g Salz

20 g Honig

20 g Butter

100 g Mohn

BACKTEMPERATUR

auf 210 °C vorheizen, nach 1 Minute auf 180 °C reduzieren und fertig backen

BACKZEIT

15–20 Minuten

ZUBEREITUNG

1 Dinkelmehl in eine Schüssel geben und in die Mitte eine Mulde drücken. Hefe in etwas Wasser auflösen und hineingeben. Salz und Honig dazugeben und von der Mitte aus mit der Butter langsam vermengen. Nach und nach Wasser beigeben. Den Teig sehr kräftig durchkneten, bis er geschmeidig ist und Blasen wirft. Der Teig soll eine eher weiche Konsistenz aufweisen, weil die im Vollmehl enthaltenen Kleieteilchen nur langsam Wasser aufnehmen. Den Teig zudecken und an einem warmen Ort 25 Minuten aufgehen lassen.

2 Danach den Teig ausstoßen. Dazu den Teig auf eine bemehlte Arbeitsplatte legen und mit beiden Händen flach drücken. Dadurch kommt Luft in den Teig, die Hefezellen können sich leichter vermehren und der Teig gärt schneller. Noch einmal rundwirken und kleine Teigstücke zu je 60 g abwiegen. Mit dem Schluss nach unten setzen und mit einem Messer an der Oberfläche einschneiden. Die Oberfläche mit Wasser bestreichen und in Mohn wälzen. Auf ein befettetes Backblech setzen und ca. 30 Minuten gären lassen.

3 Die Laibchen in den Ofen geben und ein Gefäß mit Wasser dazustellen.

Glutenfrei	Ohne Ei	Hefefrei	Milchfrei	Vegan	Weizenfrei	Zuckerfrei
	✗				✗	✗

Dinkel-Soja-Weckerln

22 STÜCK (zu je 80 g)

350 g grob gemahlener Sojaschrot

ca. 700 ml auf 25 °C erwärmtes Wasser

20 g Salz

30 g Hefe

500 g fein gemahlenes Dinkelvollkornmehl

150 g Sauerteig (Rezept S. 6)

BACKTEMPERATUR

auf 210 °C vorheizen, nach 1 Minute auf 180 °C reduzieren und fertig backen

BACKZEIT

20–25 Minuten

ZUBEREITUNG

1. Sojaschrot in 500 ml Wasser ca. 2 Stunden vor dem Teigmischen einweichen.
2. Salz und Hefe in 200 ml Wasser auflösen, mit Dinkelmehl, eingeweichtem Sojaschrot und Sauerteig zu einem Teig mischen. 20 Minuten ruhen lassen.
3. Noch einmal kräftig durchmischen und weitere 20 Minuten ruhen lassen.
4. Danach den Weckerlteig in ca. 60–80 g schwere Teile teilen, rundwirken, mit dem Schluss nach unten auf ein befettetes Backblech setzen. Man kann die Weckerln vor dem Backen mit Wasser bestreichen und in Vollkornmehl oder in den verschiedenen Saaten wälzen (Sesam, Sonnenblumen, Leinsamen ...). Auf dem Backblech 40 Minuten gären lassen.
5. Vor dem Backen mit einem scharfen Messer dreimal quer einschneiden und in den Ofen geben.

Glutenfrei	Ohne Ei	Hefefrei	Milchfrei	Vegan	Weizenfrei	Zuckerfrei
	✗		✗	✗	✗	✗

DINKELSALZSTANGERLN

30 STANGERLN (zu je 60 g)

1 kg fein gemahlenes Dinkelvollkornmehl

40 g Hefe

ca. 700 ml auf 20 °C erwärmtes Wasser

25 g Salz

20 g Honig

20 g Butter

50 g Kümmel

50 g Salz

BACKTEMPERATUR
auf 210 °C vorheizen, nach 1 Minute auf 180 °C reduzieren und fertig backen

BACKZEIT
15–20 Minuten

ZUBEREITUNG

1. Dinkelmehl in eine Schüssel geben und in die Mitte eine Mulde drücken. Hefe in etwas Wasser auflösen und hineingeben. Salz und Honig dazugeben und von der Mitte aus mit der Butter langsam vermengen. Nach und nach Wasser beigeben. Den Teig sehr kräftig durchkneten, bis er geschmeidig ist und Blasen wirft. Der Teig soll eine eher weiche Konsistenz aufweisen, weil die im Vollmehl enthaltenen Kleieteilchen nur langsam Wasser aufnehmen. Den Teig zudecken und an einem warmen Ort 25 Minuten aufgehen lassen.
2. Danach den Teig ausstoßen. Dazu den Teig auf eine bemehlte Arbeitsplatte legen und mit beiden Händen flach drücken. Noch einmal rundwirken und auf dem Arbeitstisch ca. 5 Minuten aufgehen lassen. Teigstücke zu je 60 g mit dem Rundholz oval ausrollen (Länge: 20 cm) und mit dem Handballen unter gleichzeitig leichtem Drücken und Rollen zu einem Salzstangerl formen. Mit Wasser bestreichen und mit einer Mischung aus Kümmel und Salz bestreuen. Dann 25 Minuten gären lassen.
3. Die Salzstangerln in den Ofen geben und ein Gefäß mit Wasser dazustellen.

Glutenfrei	Ohne Ei	Hefefrei	Milchfrei	Vegan	Weizenfrei	Zuckerfrei
	✗				✗	✗

Grünkernweckerln mit Mozzarella

30 STÜCK (zu je 60 g)

60 g Hefe

20 g Salz

ca. 600 ml Wasser

300 g fein gemahlenes Grünkernvollkornmehl

700 g fein gemahlenes Dinkelvollkornmehl

10 g Butter

300 g Mozzarella

Oregano

BACKTEMPERATUR
auf 210 °C vorheizen, nach 1 Minute auf 180 °C reduzieren und fertig backen

BACKZEIT
20 Minuten

ZUBEREITUNG

1 Hefe und Salz in Wasser auflösen und mit den restlichen Zutaten zu einem Teig verarbeiten. Butter erst im letzten Drittel zugeben. Den Teig 30 Minuten ruhen lassen.
2 Teigstücke zu 60 g abwiegen, rundwirken und Weckerln formen. Sofort auf ein befettetes Backblech geben und ca. 40 Minuten aufgehen lassen.
3 Danach die Weckerln der Länge nach 1 cm tief einschneiden, Mozzarella in ca. 30 Streifen schneiden und je ein Stück in die Vertiefung füllen. Nach Geschmack mit Oregano bestreuen.
4 Die Teiglinge in den vorgeheizten Ofen geben und ein Wassergefäß dazustellen.

Glutenfrei	Ohne Ei	Hefefrei	Milchfrei	Vegan	Weizenfrei	Zuckerfrei
	✗				✗	✗

KAMUTTASCHERLN MIT SPINAT-SCHAFSKÄSE-FÜLLE

15 STÜCK

500 g fein gemahlenes Kamutvollkornmehl

45 g Hefe

15 g Salz

ca. 200 ml Wasser

1 Ei

100 g Butter

25 g Honig

FÜR DIE FÜLLE

500 g passierter Spinat

300 g grob geriebener Schafskäse

40 g Kamutmehl

20 g Knoblauch

100 g Oregano

10 g Salz

gehackte Kürbiskerne

Ei zum Bestreichen

BACKTEMPERATUR

180 °C

BACKZEIT

ca. 65 Minuten

ZUBEREITUNG

1. Hefe und Salz in Wasser auflösen. Die restlichen Zutaten dazugeben und zu einem glatten, eher festen Teig verarbeiten. Den Teig ruhen lassen.
2. Für die Fülle den passierten Spinat, Schafskäse, Kamutmehl, Knoblauch, Oregano und Salz vermischen. Die Gewürze nach Geschmack erhöhen, verringern oder auch ganz weglassen.
3. Den Teig rechteckig ausrollen (ca. 50 x 30 cm) und mit einem Küchenmesser in 10 x 10 cm große Quadrate teilen. Die Fülle mit einem Löffel oder Dressiersack in die Mitte der Teigstücke geben. Nun die Quadrate so zusammenlegen, dass die Spinatfülle nicht auslaufen kann.
4. Die fertigen Spinattascherln auf befettete Backbleche setzen, mit Ei bestreichen und mit gehackten Kürbiskernen bestreuen. Nach 45 Minuten Gärzeit im vorgeheizten Backofen fertig backen.

Glutenfrei	Ohne Ei	Hefe-frei	Milch-frei	Vegan	Weizenfrei	Zuckerfrei
					✗	✗

KÄSE-BIERSTANGEN

17 STÜCK (zu je 45 g)

300 g Einkornvollkornmehl
270 g Butter
100 g geriebener Parmesan
100 g geriebener Emmentaler
2 Eidotter (Eigelb)
10 g Kümmel
10 g Salz
1 Messerspitze Paprika
1 Messerspitze Pfeffer
etwas Bier
Ei zum Bestreichen

Käsemischung

50 g Parmesan
50 g Emmentaler

BACKTEMPERATUR
180 °C

BACKZEIT
15 Minuten

ZUBEREITUNG

1 Einkornmehl auf ein Backbrett geben, eine Mulde hineindrücken, alle Zutaten dazugeben und rasch zu einem Teig verkneten. Der Teig soll nicht zu weich sein. Bei Bedarf Mehl dazugeben. In den Kühlschrank geben und eine Stunde ruhen lassen.
2 Teig 5 mm dick zu einem rechteckigen Fleck ausrollen, mit Ei bestreichen und mit der Käsemischung bestreuen. Den Fleck der Breite nach in 8-cm-Streifen einteilen und schneiden. Von diesen Streifen Stangen (8 x 1 cm) schneiden.
3 Auf das mit zerlassener Butter befettete und mit Weizenmehl bestaubte Backblech setzen und im vorgeheizten Ofen backen.

TIPP
Das gesunde Knabbergebäck passt auch sehr gut zu Wein.

Glutenfrei	Ohne Ei	Hefefrei	Milchfrei	Vegan	Weizenfrei	Zuckerfrei
						✗

Quinoa-Knoblauch-Fladen

6 STÜCK (zu je 350 g)

70 g Hefe

25 g Salz

200 g Sauerteig (Rezept S. 6)

ca. 750 ml Wasser

400 g Quinoavollkornmehl

200 g Dinkelvollkornmehl

400 g Roggenvollkornmehl

25 g frisch gepresster Knoblauch

BACKTEMPERATUR

auf 210 °C vorheizen, nach 1 Minute auf 180 °C reduzieren und fertig backen

BACKZEIT

20–25 Minuten

ZUBEREITUNG

1 Hefe, Salz und Sauerteig in Wasser auflösen und mit den restlichen Zutaten zu einem weichen Teig verarbeiten. 50 Minuten ruhen lassen.

2 Nun den Teig in 6 gleich große Stücke teilen (das sind ca. 350 g), rundwirken und mit einem Rollholz ca. 1,5–2 cm dick ausrollen. Auf beiden Seiten gut mit Roggenmehl bestauben und auf befettete Backbleche setzen. Weitere 20–25 Minuten ruhen lassen.

3 In den vorgeheizten Backofen geben und fertig backen.

Tipp

Um einen noch intensiveren Knoblauchgeschmack zu erreichen, kann man bis 40 g Knoblauch zugeben und nach dem Ausbacken die Fladen mit Knoblauchöl bestreichen.

Glutenfrei	Ohne Ei	Hefefrei	Milchfrei	Vegan	Weizenfrei	Zuckerfrei
	✗		✗	✗	✗	✗

Quinoaweckerln mit Sonnenblumenkernen

30 STÜCK (zu je 70 g)

60 g Hefe

30 g Salz

ca. 800 ml Wasser

200 g Quinoavollkornmehl

800 g Dinkelvollkornmehl

250 g Sonnenblumenkerne

20 g Butter

BACKTEMPERATUR
auf 210 °C vorheizen, nach 1 Minute auf 180 °C reduzieren und fertig backen

BACKZEIT
15-20 Minuten

ZUBEREITUNG

1 Hefe mit Salz in Wasser auflösen, mit den restlichen Zutaten zu einem etwas weicheren Teig verarbeiten und 12–15 Minuten ruhen lassen.
2 Stücke à 70 g abwiegen und rundformen. Kurz ruhen lassen, zu Weckerln formen, mit Wasser bestreichen und mit Sonnenblumenkernen bestreuen. Auf ein befettetes Backblech legen und ca. 30 Minuten aufgehen (gären) lassen.
3 Die Weckerln in den vorgeheizten Backofen geben und ein Gefäß mit Wasser dazustellen.

Glutenfrei	Ohne Ei	Hefefrei	Milchfrei	Vegan	Weizenfrei	Zuckerfrei
	✗				✗	✗

Kamut-Kleingebäck

30 STÜCK (zu je 60 g)

1 kg fein gemahlenes Kamutvollkornmehl

50 g Hefe

25 g Salz

20 g Honig

20 g Butter

ca. 650 ml Wasser

BACKTEMPERATUR
auf 210 °C vorheizen, nach 1 Minute auf 180 °C reduzieren und fertig backen

BACKZEIT
15–20 Minuten

ZUBEREITUNG

1 Das Kamutmehl in eine Schüssel geben, in die Mitte eine Mulde drücken. Hefe in Wasser auflösen, hineingeben, Salz und Honig dazugeben. Von der Mitte aus die Butter beimengen. Nach und nach Wasser beigeben. Den Teig kräftig durchkneten, bis er geschmeidig wird und Blasen wirft. Wenn der Teig fertig gemischt ist, soll er eine eher weiche Konsistenz aufweisen, weil die Kleieteilchen, die im Vollmehl enthalten sind, zwar viel, aber nur langsam Wasser aufnehmen. Zugedeckt an einem warmen Ort 25 Minuten aufgehen lassen.

2 Danach den Teig ausstoßen. Dazu den Teig auf eine bemehlte Arbeitsplatte legen und mit beiden Händen flach drücken. Dadurch kommt Luft in den Teig, die Hefezellen können sich leichter vermehren und der Teig gärt schneller. Noch einmal rundwirken und auf dem Arbeitstisch ca. 5 Minuten aufgehen lassen. Noch einmal rundwirken, kleine Teigstücke mit einem Gewicht von 60 g abwiegen und zu den einzelnen Kamut-Kleingebäcksorten formen.

3 Das Kleingebäck in den Ofen geben und ein Gefäß mit Wasser dazustellen.

Glutenfrei	Ohne Ei	Hefefrei	Milchfrei	Vegan	Weizenfrei	Zuckerfrei
	✗				✗	✗

DINKELKIPFERLN

30 KIPFERLN (zu je 65 g)

1 kg fein gemahlenes Dinkelvollkornmehl

70 g Hefe

15 g Salz

120 g Honig

ca. 600 ml auf 30 °C erwärmtes Wasser

120 g Butter

Ei zum Bestreichen

BACKTEMPERATUR
190 °C

BACKZEIT
ca. 15–18 Minuten

ZUBEREITUNG

1 Dinkelmehl in eine Schüssel geben, in die Mitte eine Mulde drücken. Hefe, in etwas Wasser aufgelöst, hineingeben, Salz und Honig zugeben, von der Mitte aus mit dem Mehl vermengen. Wasser nach und nach beigeben, sehr kräftig durchkneten. Zum Schluss die Butter einarbeiten. 20 Minuten gut zugedeckt an einem warmen Ort gehen lassen.

2 Nun kräftig durchmischen und weitere 15 Minuten ruhen lassen. Noch einmal durcharbeiten. Teigstücke mit einem Gewicht von je 60 g abwiegen, ca. 5 Minuten aufgehen lassen, mit einem Rollholz auf Form einer Schuhsohle ausrollen (ca. 25 cm lang). Diesen ovalen Fleck unter gleichzeitig leichtem Drücken mit der Hand aufrollen, sodass ein Teigstrang von ca. 20 cm Länge und 4–6 Wicklungen (der Teig wird 4–6-mal um die eigene Achse gewickelt) entsteht.

3 Den gewickelten Teigstrang in Hufeisenform auf ein befettetes Backblech setzen, mit Ei bestreichen, ca. 40 Minuten gären lassen und dann backen.

Glutenfrei	Ohne Ei	Hefefrei	Milchfrei	Vegan	Weizenfrei	Zuckerfrei
					✗	✗

Rezeptregister

A

Amarantbrot 19
Amarantbrot mit Kürbiskernen 12

B

Bio-Bauernbrot 24
Bio-Brot ohne Hefe 38
Bio-Kamutbrot ohne Hefe 39
Bio-Roggenbrot mit Backferment 42

D

Dinkelbaguette 28
Dinkelbrezel 32
Dinkelbrot 10
Dinkelbrot mit 9 Körnern 15
Dinkelbrot mit Sonnenblumenkernen 34
Dinkel-Grünkern-Baguette mit Oliven 14
Dinkel-Hafer-Brot 11
Dinkelkipferln 61
Dinkelkipferln mit Kürbiskernen 44
Dinkel-Kleingebäck 45
Dinkel-Kümmel-Laibchen 48
Dinkel-Mohn-Laibchen 49
Dinkel-Roggen-Mischbrot 35
Dinkelsalzstangerln 52
Dinkel-Sesam-Laibchen 46
Dinkel-Soja-Brot 31
Dinkel-Soja-Weckerln 50
Dinkel-Wachauer-Laibchen 20
Dinkel-Walnuss-Brot 16

E

Einkorn-Joghurt-Brot 27

G

Gewürzter Quinoawecken mit Sauermilch 26
Grünkern-Sauerkraut-Brot 40
Grünkernweckerln mit Mozzarella 53

H

Hirsebrot 18

K

Kamutbrot mit Hafer und Hirse 36
Kamut-Kleingebäck 60
Kamut-Sesam-Brot 30
Kamuttascherln mit Spinat-Schafskäse-Fülle 54
Karotten-Nuss-Brot 22
Käse-Bierstangen 56

Q

Quinoa-Knoblauch-Fladen 57
Quinoaweckerln mit Sonnenblumenkernen 58

S

Spargelbrot 23

© Peter Gradwohl

DER AUTOR

Peter Gradwohl ist Bäcker mit Leib und Seele, führt einen burgenländischen Familienbetrieb und betreibt zahlreiche Verkaufsstellen. Er ist in die Fußstapfen seines Vaters, eines echten Bio-Pioniers, getreten und hat mehrere Backbücher veröffentlicht.

Bildnachweis:
Cover: Stockfood Copyright @ Hart, Michael / StockFood
Rezeptfotos: Peter Barci

ISBN: 978-3-7088-0709-6

kneipp verlag
WIEN

Lobkowitzplatz 1
A-1010 Wien
www.kneippverlag.com
www.facebook.com/KneippVerlagWien

Mitarbeit: Sylvia Sonnleitner
Lektorat: Sonja Franzke, www.vielseitig.co.at, Anke Weber
Herstellung: Motto Verlagsservice
Cover- und Buchgestaltung: Bruno Wegscheider
Druck: Neografia

Printed in the EU

7 6 5 4 3 2 1